中国文化知识读本

Zhongguo Wenhua
Zhishi Duben

钟鼓之乐

主编 金开诚

编著 王玲

吉林出版集团有限责任公司

吉林文史出版社

图书在版编目（CIP）数据

钟鼓之乐 / 王玲编著. —— 长春 ：
吉林出版集团有限责任公司 ：吉林文史出版社，2009.12 （2023.4重印）
（中国文化知识读本）
ISBN 978-7-5463-1989-6

Ⅰ. ①钟… Ⅱ. ①王… Ⅲ. ①古乐器－简介－中国
Ⅳ. ①K875.5

中国版本图书馆CIP数据核字(2009)第237238号

钟鼓之乐

ZHONGGU ZHI YUE

主编/ 金开诚 编著/王 玲

项目负责/崔博华 责任编辑/曹 恒 崔博华

责任校对/王凤翎 装帧设计/曹 恒

出版发行/吉林出版集团有限责任公司 吉林文史出版社

地址/长春市福祉大路5788号 邮编/130000

印刷/天津市天玺印务有限公司

版次/2009年12月第1版 印次/2023年4月第3次印刷

开本/660mm×915mm 1/16

印张/8 字数/30千

书号/ISBN 978-7-5463-1989-6

定价/34.80元

前 言

　　文化是一种社会现象，是人类物质文明和精神文明有机融合的产物；同时又是一种历史现象，是社会的历史沉积。当今世界，随着经济全球化进程的加快，人们也越来越重视本民族的文化。我们只有加强对本民族文化的继承和创新，才能更好地弘扬民族精神，增强民族凝聚力。历史经验告诉我们，任何一个民族要想屹立于世界民族之林，必须具有自尊、自信、自强的民族意识。文化是维系一个民族生存和发展的强大动力。一个民族的存在依赖文化，文化的解体就是一个民族的消亡。

　　随着我国综合国力的日益强大，广大民众对重塑民族自尊心和自豪感的愿望日益迫切。作为民族大家庭中的一员，将源远流长、博大精深的中国文化继承并传播给广大群众，特别是青年一代，是我们出版人义不容辞的责任。

　　本套丛书是由吉林文史出版社和吉林出版集团有限责任公司组织国内知名专家学者编写的一套旨在传播中华五千年优秀传统文化，提高全民文化修养的大型知识读本。该书在深入挖掘和整理中华优秀传统文化成果的同时，结合社会发展，注入了时代精神。书中优美生动的文字、简明通俗的语言、图文并茂的形式，把中国文化中的物态文化、制度文化、行为文化、精神文化等知识要点全面展示给读者。点点滴滴的文化知识仿佛颗颗繁星，组成了灿烂辉煌的中国文化的天穹。

　　希望本书能为弘扬中华五千年优秀传统文化、增强各民族团结、构建社会主义和谐社会尽一份绵薄之力，也坚信我们的中华民族一定能够早日实现伟大复兴！

目录

一、商周——钟鼓之乐的兴起

（一）商周的礼乐制度

公元前 21 世纪，启建立我国历史上第一个奴隶制王朝——夏朝，夏朝的建立标志着中国社会逐渐进入奴隶制时代。夏朝手工业生产已能制造青铜酒器和乐器，青铜在此时得到发现和利用，当时还能制造雕饰美观的玉器和陶器。由夏、商、西周到春秋末年约一千七百年间，中国奴隶社会经历了由产生、发展、兴盛到衰亡的过程。在这段时期里，由于生产力的提高、社会分工的发展等新的客观条件，使音乐文化得到较快的发展。在奴隶社会中，音乐被打上了阶级的烙印。享有音乐的是贵族奴隶主阶级，他们不仅把音

商钟

商钟

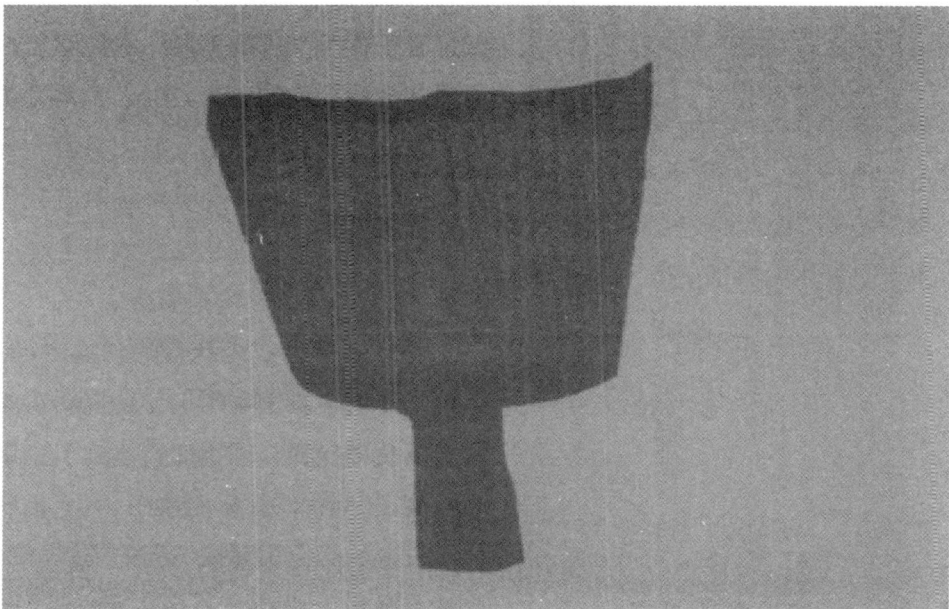
商晚期铙

北京奥林匹克公园商钟

乐作为享乐的手段，也把它当成加强其政治统治的工具。在当时，最受尊崇的就是奴隶主阶级用于祭祀等重大典礼的乐舞。其内容多为歌颂统治者列祖列宗的功德，意在宣扬宗族奴隶主统治的合理性，为巩固其统治服务。

西周是中国奴隶社会的强盛时期，作为宗族奴隶制国家的上层建筑的宗法制度以及相应的礼乐制度均达到了完备的程度。在周代的礼乐制度中，对于各种礼仪中音乐的应用都按不同的等级而有严格的规定。"钟鼓之

乐"的兴起离不开商周时期的礼乐制度，而这种礼乐制度的形成又离不开当时的社会上层结构。

分封制的实行和宗法制使得奴隶主政权在商周时期得到巩固和发展。商代就有分封诸侯的现象，因为领土大了，分封便于统治。周初封到商故地建立卫国的是周公的弟弟叔康，西周末年被封建立郑国的则是周宣王的庶弟友。因此周代的分封诸侯，是把"宗法"与"封建（封侯建国）"结合起来的做法，由此便形成了围绕姬姓宗族的严密等级关系。

商代编钟

诸侯对于周天子，是小宗跟大宗的关系；诸侯又分其领土给卿大夫，这些卿大夫对于诸侯，是另一层的小宗跟大宗的关系；卿大夫再把领土分给末等贵族士，这些士对于卿大夫，又形成一层小宗对大宗的关系。

礼乐制度正是对于这个严密的宗法等级网的强调和固定，只有这个等级的人才能享用相应的等级礼乐。等级的内容包含有对乐舞名目、乐器品种和数量、乐工人数等等的绝对限定，超出规格就是严重违反礼法。如钟、磬类编悬乐器有"王宫悬，诸侯轩悬，卿大夫判悬，士特悬"（《周礼·春官·大司乐》）的规定，即王列四面，诸侯三面，卿大夫两面，士一面；舞队的行列则有"天子用八，诸侯用六，大夫四，士二"（《左传·隐公五年》），即分别用八佾、六佾、四佾、二佾的规定，一佾由八人组成；乐曲的应用也有明确的规定，如《雍》只能在天子祭祀时撤除祭品之时使用（《论语·八佾》），《三夏》是"天子享元侯之乐"，《文王》是"两君相见之乐"（《左传·襄公四年》）等。这些规定如果违反便是"僭越"，或者"非礼"。在各等级贵族自身以及他们之间的活动中基本采用规定的雅乐，也就是岐周音乐，这无疑能在一定时期内起到加强宗族观念，统一思想的作用。

（二）商代钟鼓

古代打击乐器盛行于青铜时代，这与当

编钟

时乐律学、声学和青铜冶铸技术的高度发达是分不开的。已有两三千年历史的青铜钟，质料坚实且耐腐蚀，至今仍能给我们留下古代真实的音响。钟在古代不仅是乐器，还是象征地位和权力的礼器。王公贵族在朝聘、祭祀等各种仪典、宴飨与日常宴乐中，广泛使用着钟乐。

青铜铸造的商钟，其横截面不是圆形或椭圆形，而是橄榄形，演奏时钟口朝上，构成它主体的两弧形板片形状像中国的瓦，被称之为"合瓦形"。这个名称在西方是不容易被理解的，因为他们不用这样的瓦。正是这

西周晋侯苏编钟

种"合瓦形"结构，构成了中国钟的一大特色，而且为在同一个钟的不同部位敲击出两个不同音高的音提供了有利条件。商钟极少单独使用，基本上是成组的，大多为三个一组，并以其中空的柄套入木架的竖着的棒中，即植置，与后世的钟悬吊于架上相反。在靠近钟口部的正中（1/2）和左或右（1/4）处敲击，商钟已有不少能发两个不同的音，历史时代早些的，两音之间以大二度关系居多，后来则以小三度关系居多。商代的乐器制造家和演奏家，已开始有意识地铸造并使用这些钟上的另一个音，有些三个一组的商钟，已具备五声音阶的五个音。

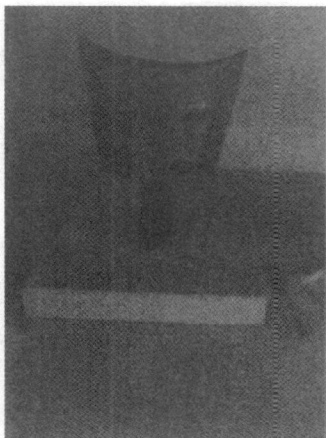

商晚期铙

殷商前期具有代表性的打击乐器是建鼓和铜鼓。木质的建鼓最早是在河南省安阳市殷墟遗址的侯家庄西北冈1217号大墓西墓道发现的鼓，鼓桶的上下两面都蒙有鼍皮，有鼓座、鼓架，原来的高度达150厘米。

在湖北省崇阳县汪家嘴出土的青铜仿木质鼓，鼓身高49厘米，鼓面约４０厘米，鼓身下有鼓座，鼓座为方形高圈足，在圈足的四面各有一弓弧状的小门；鼓身的上部有一马鞍形状的钮，钮的中间靠下方有一圆形穿孔，推测这个穿孔是可以安装木质的抬杠，

甘肃博物馆陈列编钟

便于挪动鼓身。鼓身遍饰立体感很强的云雷纹和乳钉纹，鼓面蒙革，在鼓身两端都有固定鼓皮的鼓钉，鼓钉共三排，上下为垂直的一条线。

　　断代属于商代中期或中后期的青铜仿木质铜鼓，现藏于日本泉屋博古馆，形制和湖北崇阳的铜鼓很相似。鼓身上部也有一马鞍形状的钮，钮的两端各饰一立雕的鸟头，下面也有一个圆形的穿孔；鼓身的下部是四个小支座，支座都作兽头装饰。鼓身的纹饰是浅云雷纹作地纹，正中是一高浮雕的人面戴羽毛冠的神人，周围饰万框和三角纹带。这件鼓的鼓皮是扬子鳄皮，古代称鼍，其表面的近似网格状的纹理至今仍可以看得清清楚楚。

1935 年，河南省安阳市侯家庄 1217 号大墓西墓道东段出土了牛木鼍鼓，同出鼓架及石磬一件。侯家庄 1217 号墓是一座殷代大型墓葬，出土青铜器、玉器、兵器等数百件。其时代属商代殷墟前期。鼓壁为木质，鼓腹作桶形，造型与今天的三鼓相近。上下鼓面均为鳄鱼皮做成。鼓面上画有朱红色的宽螺旋纹，鼓壁表面涂成红棕色，上下两端各绘

曾侯乙墓出土的编钟

数周弦纹及波浪纹。鼓身四组饕餮纹，还饰有若干三排或四排一组的贝。通高68厘米、两端口径约60厘米。鼓架系拆散放置，四根木柱已腐朽，木柱下有脚墩，形状不明。

著名的崇阳铜鼓，1977年6月出土于湖北省崇阳县东15公里的白霓乡大市河边。铜鼓通体绿锈，纹饰清晰，器形完整，仅顶部及一侧鼓面有裂纹。鼓身四面正中有清晰的纵向铸缝，系青铜一次浑铸而成，质地凝重。通高75.5厘米，重42.5公斤。

编钟上的图案

崇阳铜鼓

　　铜鼓自上而下，由冠、身、足三部分组成。鼓冠形如高耸的两面坡顶庙宇，正下方有一前后相通的小圆孔，犹如庙门，疑为固定羽葆饰物之用。"庙宇"四墙及屋顶皆饰兽面纹，二山墙各以两兽面上下叠置，屋顶两坡及前、后墙各饰一兽面，共八面。

　　鼓身如今腰鼓横置。上部铸有两块方形覆盖物，一大一小，重叠搂搭于鼓身上，似为固定鼓冠而设。大的一块几乎覆盖鼓身之一半，四周有乳钉，横三竖五，共十二颗小的，一块叠置于上方正中，四角各有乳钉一颗，鼓冠即置其上。鼓身饰兽面四，前后两面各二，一在覆盖物上，一在鼓身上。鼓面呈椭圆形，

礼乐重门

模仿兽皮为素面。鼓面边缘置三列整齐的乳钉，酷似木腔牛皮面鼓的铜泡钉。

鼓座呈长方形，底中空并与鼓腔相通。四立面正下方开有缺口，形成四只粗实的直角形鼓足，足微微外扩，四立面各饰一兽面纹。

铜鼓的特点与商代中期二里岗的青铜器纹饰相符，铜鼓出土地距湖北黄阪盘龙城和江西清江吴城两处商代中期遗址最近，且正处两地之间，与日本京都泉屋博古馆所藏双鸟饕餮纹铜鼓相仿，其时代也应一致。只是崇阳铜鼓更显古朴、粗犷，其直角形鼓足比起双鸟饕餮纹铜鼓的兽首空足来亦更为典重。崇阳铜鼓应为商代器物。

（三）编铙和编磬

商代出现了一种打击乐器叫铙，这种铜铸的铙的横断面是扁形的，铙边呈棱形。早期的编铙有些是以三枚为一套的，能发出三做不同的音。晚期的编铙，有的已演进为五枚一套。最著名的编铙就是出土于商代妇好墓里的编铙，大小排列的五个一组，这五个编铙不仅造型优美，而且敲击起来音频准确，音域宽广，依次由丰厚低沉到高亢明亮，乐音令人陶醉。

"磬，乐器也；以玉或石为之，其形如矩。"
编磬为古代乐器之一种，用石或玉制作，演
奏打击时，可以发出不同音响。磬在远古时
代称作"石"或"鸣球"，在山西夏县东下冯
夏代文化遗址，发现了一石磬，其形状像耕
田用的石犁，斜上方有一圆孔用于悬挂，整
体打磨得非常粗糙，有的棱角还十分锐利，
但敲击时仍能发出清脆的声音。商代的磬有
石制、玉制和青铜制等多种，在河南安阳武
官村殷墓出土的虎形大石磬，由大理石制成，
已有三千余年的历史，音色与青铜乐器发出

铙

西安博物院展品古代编钟

的声音一样清亮。

（四）西周的"国之重器"

西周编钟继承于商编钟，但由商编钟的正着植置改为倒着悬吊。钟体增大以后，这样安置无疑稳妥得多，钟体可以加长。周初的编钟仍如商编钟，是三枚一组，音阶则与商编钟的多样形式不同，一律是：羽、宫、角、徵，即使后来编钟增加到八枚一组，其音阶仍是如此，与古书《周礼》所表述的典型雅乐的音阶形式也相同，可见这一时期的钟都是演奏周雅乐用的。

在周雅乐中，器乐、舞蹈、歌唱往往分别进行，并不完全合在一起，舞蹈由与笛相似的管和歌唱配合，歌唱由弹奏乐器瑟或簧管乐器笙伴奏，器乐即所谓"金奏"，是钟、鼓、磬的合奏。"金奏"规格很高，只有天子、诸侯可用，大夫和士只能用鼓。钟和磬以其宏大的音量和特有的音色交织成肃穆庄严的音响，加上鼓的配合，确实能造成天子、诸侯"至尊至高""威严"无比的功效。

西周时设专门职官分掌乐事。《周礼·春官》在大宗伯下设有大司乐、大胥、大师、典同、磬师、钟师、笙师、镈师、籥师等一

西周编钟

承乾宫钟

些等级不同、职司各异的乐官。商周乐器的演奏者中有身份不等的乐官、乐师，还有地位低于乐官或乐师的乐工、女乐之类。乐官或乐师不仅具有一定的官衔，而且负责执掌相应的乐器演奏，说明其具有一定的身份地位。乐工或女乐的身份并非等同于奴隶，他们当中有一些当为王室成员或贵族奴隶主之近幸，其身份可能与当时的贫民相当或略高于贫民阶层，乐官、乐师、乐工或女乐又可以作为王或王室贵族的礼物予以赏赐或赠送，用来代表一种礼遇。实际上，乐人与乐器一起，已经成为统治阶层实施礼乐的私有财产和工具。与礼一样，乐也是贵族必修的一门技艺，自幼就要受到训练。乐的表现形式由歌、舞和器乐配合而成，载歌载舞，钟鼓齐鸣。

西周乐的形式多样，繁简不一，不同的时间、场合、人物所使用的乐曲和乐器也不尽相同。如祀天神"奏黄钟、歌大吕、舞云门"；祭地示"奏太簇、歌应钟、舞《咸池》"；举行大飨时"两君相见，揖让而入门，入门而县兴。揖让而升堂，升堂而乐阕，升歌清庙，下管《象》《武》，《夏》《龠》序兴……客出以雍，彻以振羽"；诸侯宴使臣时可用小雅"《鹿鸣》《四牡》《皇皇者华》"。官员的地位不同，其享用的乐也不同。《左传》襄公四年，"穆叔如晋，报知武子之聘也，晋侯享之，金奏《肆夏》之三，不拜。工歌《文王》之三，又不拜。歌《鹿鸣》之三，三拜"。韩献子不得其解，派人询问，回答说："《三夏》，天子所以享元侯也，使臣弗敢与闻；《文王》，两君相见之乐也，使臣不敢及；《鹿鸣》，君所以嘉寡君也，敢不拜嘉？"在西周，乐的作用已经成为官员爵位高低、尊卑贵贱的标尺。

西周雅乐的主要乐器有"钟、鼓、管、磬、羽、禽、干、戚"。在这些主要乐器中，钟在祭祀中发挥着非常重要的作用，《诗·小雅·宾之初筵》对西周贵族宴饮时的情景给予了真实的写照。"宾之初筵，左右秩秩，笾豆有楚，肴核维旅。酒既

三峡博物馆陈列编钟

编钟

和旨，饮酒孔偕，钟鼓既设，举酬逸逸……"
西周后期，编钟发展得很快，表现在以下几个方面：（1）从地域上说，西周王兴之地的关中地区仍是出土编钟的主要地区。（2）三件成组的编钟不再出现，代之而起的是六件或八件成组的编钟。（3）编钟的右鼓出现第二基音标志，表示"西周编钟有意识或正式使用第二基音"。共懿之后，周人已懂得用隧调音，并成功地使用了第二基音，这一奥秘，是20世纪70年代末、80年代初，我国著名音乐家吕骥先生和文化部艺术研究所的专家们在研究先秦编钟的过程中揭示出来的。（4）八件成组的编钟已有一定的音阶规律。（5）

大多数钟上铸有铭文，并且有着一定规律的排列格式。

西周戎生编钟，被专家们称为"国之重器"。此编钟一共有八件，钟高 21.1—51.7 厘米不等，铸造工艺精湛，保存相当完好。每件钟体均铸有铭文，共计 153 字。中国社科院李学勤教授在对编钟铭文进行缜密考释后认为，戎生编钟的作器者为晋国大臣戎生。它同北宋时著录的晋姜（晋文侯的夫人）鼎有着密切的关系，因为二者均记述了遣卤积与征繁汤这一历史事件。李学勤指出，以往学者曾认为遣卤积与征繁汤是两件事，其中后者为一次征伐，但从戎生编钟的铭文看，

编钟

礼乐重门

这二者其实是一件事。它记载了晋国派遣大批车队运输食盐前往繁汤（今河南新蔡以北的繁阳）交换铜料这一事件。这一史实的考定，对西周科技史、经济史的研究都很重要。通过对晋姜鼎和戎生编钟的综合研究，李学勤断定二者的制作年代均为晋昭侯六年（公元前740年）。中国艺术研究院音乐研究所王子初研究员在对戎生编钟进行音乐学鉴定后指出，这套编钟经过调音，当属实用乐器，而非明器。它所采用的调音锉磨手法是目前首次见到的编钟调音类型，体现了西周甬钟"挖隧"的调音方法向春秋初期钮钟的调音方法

商代编钟

过渡的特征，从而具有重大的学术研究意义。通过对编钟的形制、内腔结构、调音锉磨手法和内唇的情形都的综合研究，王子初也认为这套编钟应为西周、春秋之际的历史遗物。这与李学勤的研究结论不谋而合。参与鉴定的学者一致认为戎生编钟对周代历史及音乐史、青铜器等方面的研究极具价值，可谓"西周重器"。

（五）周鼓

据《周礼·地官司徒》记载，周代已专门设置了"鼓人"来管理鼓制、击鼓等事。

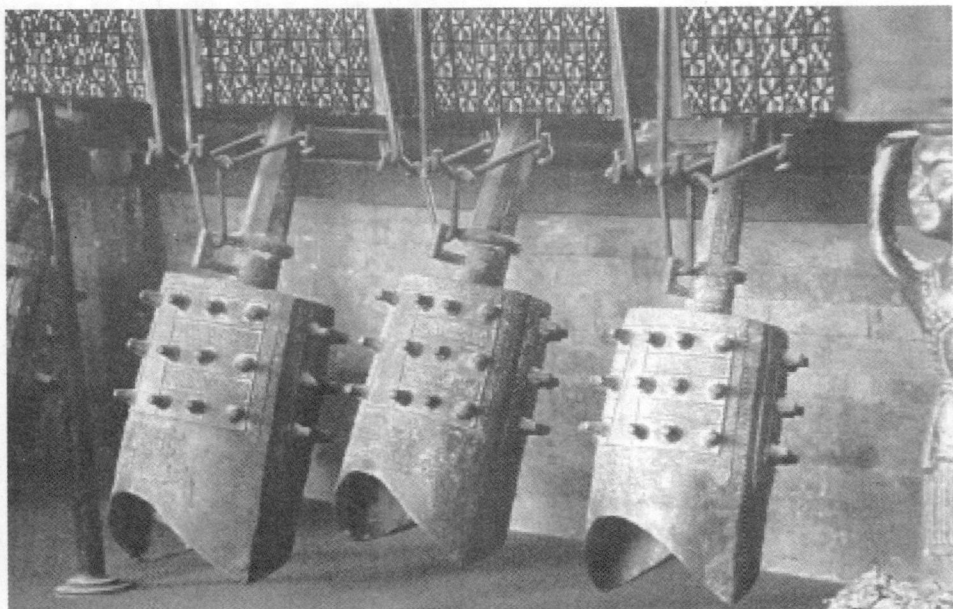
河北承德外八庙编钟

鼓

鼓人管理各种用途的鼓，如祭祀用的雷鼓、灵鼓、乐队中的晋鼓等。其中，专门用于军事的叫"汾（音）鼓"，据《说文》的解释，这是一种长八尺，鼓面四尺，两面蒙革的大鼓。此外，路鼓、晋鼓等也用于军旅，这些鼓以后发展为各种规格的战鼓，在军事上得到普遍运用。

二、春秋——钟鼓之乐的发展

曾侯乙墓出土的编钟

（一）春秋的"礼崩乐坏"

平王东迁之后，周室衰微。随着奴隶起义的不断发生和封建生产关系的发展，奴隶制在春秋时期已逐渐趋于崩溃，社会上开始出现"礼崩乐坏"的局面，作为奴隶社会上层建筑的礼乐制度和宫廷雅乐已处于被束之高阁而无人问津的状态，"非礼"的现象到处蔓延，原来备受尊崇的雅乐受到冷遇，许多宫廷乐师都纷纷离去。在周王室同姓反目相攻，宗族、血亲观念逐渐被地域性的封国观念代替，新兴的民间俗乐"郑卫之音"等则逐渐进入各诸侯国的宫廷，取代了旧时雅乐所占据的重要地位。

"礼崩乐坏"最初出自于《论语·阳货》："君子三年不为礼，礼必坏；三年不为乐，乐必崩。"据《乐记》中一个显而易见的史实是：魏文侯"端冕而听古乐，则惟恐卧"；连理论上完全承认"古乐"重要性的贵族听之都非常勉强，可见这"乐"非但没有使"君子听之，以平其心，心平，德和"，反而令人昏昏欲睡，不知几何。"三年不为乐，乐必崩"，西周雅乐走到这里已经似崩未崩，未坏实坏了。贵族雅乐的名存实亡标志着"礼乐文明"的

春秋时期青铜钟

黯然退场，"新声"的出现使音乐成为独立于政治之外，忠实于世俗民间的美的艺术，新兴的民间俗乐逐渐代替雅乐而走入各诸侯国的宫廷，在各种"新乐"中，郑国音乐首开其端，孔子有言"郑声淫"。失去严格等级意义的编钟，最终也由于其制作复杂、价格昂贵而在战国后期逐渐沉寂。

（二）编钟改良

正是在这样的政治背景和音乐发展的大环境中，春秋时期的编钟已不再守雅乐"宫－角－徵－羽"的音阶规律，它们非常生动地

春秋时期编钟

云南建水文庙青铜编钟

为后人保存了当时各地不同风格的音阶形式。春秋中晚期编钟多为九件一组，在西周钟的基础上增铸了低音徵音和商音，在这两音为正鼓音时，其侧鼓音调成大三度的变宫、变徵，从而使整组编钟的正鼓音构成完整的五声音阶，全部音列可构成六声或七声音阶。郑国新郑编钟，既可构成历史上奉为"正统"的升四级七声音阶，也可构成自然七声音阶，并可构成三种调高的五声音阶。晋国侯马编钟的音阶六声缺角，今天这一地区的民歌音阶仍延续其特点。河南淅川下寺一号墓（春秋楚墓）出土的一组钮钟每钟均发两音，一

铸鸟纹编钟

般已不在侧鼓部铸鸟纹。各地"新乐"兴起后，不但在当地发展，而且随着政治和经济交往的加强，国与国之间的战争，得到空前的大交流。春秋中晚期的楚国编钟一套十三枚，备有完整的十二律，包含了演奏各地音乐的可能，这些都是各地音乐大交流的反映。

中国社科院李学勤教授等专家在河南省叶县研究考证馆藏文物时，首次发现春秋时期组合式编钟。

这套组合式编钟于 2002 年 3 月在春秋时期许国国君许公宁墓中出土，为公元前 600

年春秋中期铸造，由八枚编镈、九枚钮钟和二十枚甬钟组成。李学勤教授考证后认为，这种三套组合形式的编钟，在我国还是首次发现，为研究我国特别是西周以来的音乐发展史，提供了实物依据。专家组初步认定60件文物属国内首次发现，其中在青铜鼎及部分青铜器表面，尚能看到清晰的蟠螭纹、蝉纹等当时人们崇拜的图腾，依稀可窥见楚国文化的细腻、浪漫及中原文化的粗犷、豪放，对研究中原文化和楚文化的碰撞、融会、互补，提供了难得的实物资料。

编钟下面的青铜人物像

壮族铜鼓

（三）春秋铜鼓

　　中国是世界上发现铜鼓数量最多、铸造和使用铜鼓最早的国家。2001年9月5日，广南县者兔乡者偏村的青年农民陆文坤到距村南6公里的安得克山上挖八角树苗塘时，挖出一面铜鼓。该鼓面朝下，鼓高36.5厘米，重达34公斤，面径45厘米，足径63厘米，胴腰交换处49厘米，胴部58厘米；有四支耳，耳长6厘米，宽1.3厘米。该铜鼓是1919年以来广地县境内记载的第四面出土铜鼓。除鼓身出现少量的砂眼外，其他部位基本保存完好，用手敲击声音较为正常。这面铜鼓，在铸造艺术上虽然不能与1919年出土于广南阿章村、现珍藏于省博物馆内的石寨山型西汉"竞渡鼓"媲美，但与1983年广南沙果村出土的1号、2号最古老的万家坝型铜鼓相比，更前进一步，而与其他有太阳芒图案的六种类型的铜鼓相比又简单了一些。据该县文物部门初步鉴定，此鼓属于春秋时期的遗物，属国家二级文物。

北流出土的一面春秋晚期铜鼓，直径165厘米，通高67.5厘米，重达300公斤，被称为"铜鼓之王"，铜鼓制作工艺精良，鼓面和鼓身饰有太阳纹、云雷纹、菱形纹、水

春秋晚期铜鼓

波纹等集合图案，还有骑兽纹、鸟样纹、虫样纹等。铜鼓是权力的象征，在庆祝、娱乐、作战等场合使用。

（四）春秋鼓座

1980 年 9 月，于安徽舒城九里墩春秋墓出土一件青铜鼓座，器壁的上口外沿和下口外沿铸有铭文，约一百五十余字，据上面装饰的蟠螭纹等纹样分析，它应是春秋晚期晋国公室所用建鼓的底座。这一时期的青铜鼓座，以往仅在湖北、安徽出土过两三件，建鼓座造型奇特，为一圆形铜圈，无底，上部略有残缺。外围有四个铺首衔环，环与底平。

春秋晚期透空蟠龙鼓座

龙虎四环铜鼓座（局部）

上面有两个对称的虎头和四条相绕的盘龙，虎方眼大耳，作张口吼状，造型生动逼真，周围及龙身均饰蟠螭纹。全座直径80厘米，高29厘米，重200公斤。座外围各铸一圈铭文，上圈98字，下圈52字，多为反书。《说文》："余语之舒也。""舒"当为春秋时舒国，"余"以下三字或为墓主人的先君之名，"玄孙"以下四字，前三字为墓主人之爵位称呼，后一字应为墓主人的名字。同时出土的青铜甬钟、鼎、车马器、戟等器形较大，制作精细，纹饰精美。由此推断，这一墓葬墓主很可能为当时舒国

蟠螭纹鼓座

的某一位君主。蟠螭纹鼓座为研究这一时期
的舒国历史提供了重要实物资料，弥足珍贵。
该建鼓座为安徽省迄今为止馆藏十一件国宝
级文物之一。

三、战国——钟鼓之乐的鼎盛

（一）乐的交流与发展

公元前 475 年开始了中国历史上的战国时代。其后，随着封建生产关系的发展，各诸侯国通过变法相继实现了由奴隶制向封建制的转变。从此，中国封建社会开始了它缓慢而漫长的发展进程，直到 1840 年以后由于西方资本主义列强的侵略逐步沦为半殖民地半封建社会，整整经历了 2300 多年。急剧的社会变革，给音乐文化的发展带来了巨大的变化。随着奴隶制度的崩溃和封建制度的确立，旧的礼乐制度彻底崩溃，旧时的雅乐也不可挽回地沦丧，而新兴的民间俗乐则以其旺盛的生命力蓬勃兴起，孔子在春秋时代已

击编钟者浮雕

钟鼓之乐

经注意到"郑声之乱雅乐"的现象。战国时期,魏文侯所爱听的"新乐"已不只是"郑声"或"郑卫之音",而是已经包括了郑、卫、齐、宋四国的民间俗乐。还有齐宣王所好的"世俗之乐",秦国宫廷中的"郑卫桑间"之乐,可以明显地看出民间俗乐已经纷纷进入各国宫廷。社会的急剧变革也促进了科学技术的发展,《管子·地员篇》和《吕氏春秋·季夏纪·音律》中关于三分损益律的记载,是中国乐律学方面的最早的文献。《周礼》的《考工记》则保存了钟、磬之类古代乐器制作的重要技术资料,它们都从不同方面反映了当时音乐

汉代青铜编钟

科学的高度成就。

（二）我国的文化瑰宝

春秋战国时期盛行以编钟和建鼓为主要乐器的乐队，史称"钟鼓之乐"，战国初期曾国的大套编钟，即有名的曾侯乙编钟，不但从钟的音列上，更以钟的铭文告诉我们当时音乐大交流的真实存在。此时还盛行笙、瑟等丝竹乐器组合在一起的乐器演奏形式，在曾侯乙墓出土了这两类乐队所用的各种乐器。这批乐器品种之多、制作之精美、保存之完好，实属罕见，其中很多乐器系首次发现，是研究战国早期音乐发展的重要资料。

　　曾侯乙墓位于湖北随县西北三公里名为擂鼓墩的地方。墓主是曾国的一位君主，名乙，侯是爵位。棺椁在东室，室内有殉葬的女性青少年八人。此室乐器有十弦琴、五弦琴、瑟、笙、小鼓等，可组成一个小型的丝竹乐队。殉葬者可能是演奏这些乐器或表演歌舞的女乐。中室有墓主举行盛大宴乐场面所用的乐队，即"钟鼓"乐队的乐器，如编钟、编磬、建鼓、排箫、笛、篪、笙、鼓、瑟等。西室

曾侯乙编钟

编钟

又有殉葬的女性青少年十三人。此墓发掘前未经破坏，殉葬器物较好地保持在原来的位置上，真实地体现了当时的乐队演奏场面。

曾侯乙编钟最为世人瞩目。它由六十四件钟组成，分三层悬挂在矩形钟架上。上层钮钟三组，共十九件；中下层各有甬钟三组，共四十五件。编钟下层正中悬挂楚惠王五十六年（公元前433年）所制铜镈。每件钟的钲部有五字。钟体一面的隧部和鼓部铭文为音阶名；另一面各部位铭文可连读，标记着各钟发音属于何种律的阶名及其与楚、晋、齐、周、申等国或地区各律的对应关系。所记律名二十九个，阶名、变化音名三十七个。每件钟发两音，即隧部音和鼓部音，实测音响与铭文标记的音相符。全套编钟计有铭文约二千八百字，为研究我国传统乐律学和音乐理论提供了资料。编钟音域达五个八度音程以上。它以姑洗为宫，在约占三个八度音程的中部音区内十二半音俱全。还可以旋宫转调，演奏五、六、七声音阶的乐曲。此套编钟出土时，钟架旁有演奏工具：六个丁字形彩绘木槌和两根彩绘长木棒。在同墓出土的彩绘漆鸳鸯形木盒上还有撞钟图像。全套编钟雄伟壮观，是我国古代音乐文化的瑰宝。

同墓出土的铜镈，通高 92．5 厘米，重 134
．8 公斤，钮由对峙的龙和夔龙组成，钲间有乳
钉，正中有铭文，大意是说:楚惠王五十六年（公
元前 433 年），楚王制作曾侯乙宗庙所用的彝器，
永远用以享祀。出土时，此镈悬挂在编钟下层正
中的显要位置，表明曾楚两国的亲密关系和曾侯
乙对楚王的尊崇。

编磬共三十二件，所用质料主要是石灰石，
也有青石和玉石，磬体多已残毁变质，其中完好
的有九件。各磬均有填朱铭文和墨书，标明它的
发音属于某律（调）的某音（阶名），及与其他

汉代青铜编钟

诸律的对应关系，共计693字。三十二件磬分上下两层悬挂在青铜铸造的磬架上，每层两组，一组十件，另一组六件，依大小次第排列。磬架长18.7厘米，通高110厘米，上有错金纹饰。横梁两端饰兽面方头，下层两柱及底座作怪兽状。另有漆木磬匣三件，匣内有大小不等的磬槽，匣盖和匣内磬槽旁边有说明装匣情况和磬石编号的刻铭99字。编号从一至四十一，可知全套石磬为四十一件，编号数目比架上编悬的石磬多九件，以备旋

曾侯乙编钟

宫转调之用。

西安大唐芙蓉园战鼓

（三）战国鼓

战国时期鼓的发展也相当繁荣，在曾侯乙墓中出土的鼓类乐器主要有建鼓和小鼓两种。《礼记·明堂位》："殷楹鼓。"《国语·吴语》："载常建鼓，挟经秉枹。"韦昭注："建，谓为楹而树之。"曾侯乙建鼓鼓框木制，鼓身高106厘米，两鼓面直径74厘米，由数块中间厚4.2厘米、两头厚2.8厘米的腔板拼合而成。腔板两端固定鼓皮的位置高11.5厘米，钉有

战国鼓

三排竹钉，钉子的位置上下错开。由于鼓皮已经腐朽，竹钉与鼓腔板之间有 0.3 厘米的间隙，以此可以推断鼓皮应该是比较厚实的牛皮。楹杆高 365 厘米，从鼓腔正中贯穿，上端露出鼓身 150 厘米，下端包括插在鼓座圆筒的部分共 125 厘米。楹杆中间贯穿鼓身的外侧，上下各有一道凸棱。鼓身通饰朱漆，楹杆除顶端饰黑漆，其余也通饰朱漆，出土时漆色仍很鲜艳。建鼓体形硕大，鼓腔两面蒙皮，鼓面距地面的高度约为 140 厘米，是当时中等身材的男人击鼓的最佳高度，鼓手相对敲击，场面颇为宏大。在曾侯乙墓建鼓旁还发现了一对鼓槌，长64厘米，首端直径118厘米，尾端直径214厘米，在接近首端处，鼓槌还有一道凸棱，这是为了保护鼓面，往往需要在鼓槌顶端用丝布包裹，防止击鼓时损坏鼓面。不幸的是出土时鼓已残毁。 小鼓的鼓框是木制的，鼓的两面蒙皮，侧面有一小柄，通高24.1厘米，鼓面直径23.7厘米，演奏时手拿小柄敲击鼓面。目前关于小鼓的发掘、考察与研究成果还不是很多。

虎座鸟架鼓

北京奥林匹克公园鼓艺术屏幕

（四）虎座鸟架鼓

虎座鸟架鼓是战国时期的文化瑰宝，距今已有 2200 多年的历史，是荆州楚墓中出土的最为典型的文物。它以两只昂首卷尾、四肢屈伏、背向而踞的卧虎为底座，虎背上各

西安鼓楼上的鼓

立一只长腿昂首引吭高歌的鸣凤，背向而立
的鸣凤中间，一面大鼓用红绳带悬于凤冠之
上。通体髹黑漆为地，以红、黄、金、蓝等
色绘出虎斑纹和凤的羽毛。全器造型逼真，
彩绘绚丽辉煌，既是鼓乐，也是艺术佳作。

波士顿艺术博物馆"虎座鸟架鼓"展品

值得指出的是，在这一凤与虎的组合形象中，凤高大轩昂，傲视苍穹，虎却矮小瑟缩趴伏于地，反映了楚人崇鸣凤、向往安详的意识和藐视猛兽、不畏强暴的精神。

四、秦汉——钟鼓之乐的沉寂

石景山法海寺钟

（一）政治背景与音乐发展

公元前221年，秦灭六国，建立了中央集权的封建国家，实现了国家的统一。随后于公元前202年建立的汉王朝，继续保持了统一的局面。随着中央集权封建国家的建立，原来那种思想上百家争鸣的局面已经不适应统治阶级的需要。于是，先有秦始皇的"焚书坑儒"，继而有汉武帝的"罢黜百家，独尊儒术"，都极力强化思想上的统治。在音乐思想上也就出现了由百家争鸣而至定于一尊的转变。其明显的标志便是以儒家音乐思想为主干，并杂糅法、道、阴阳诸家某些思想材料的《礼记·乐记》被作为儒家经典的一部分而受到尊崇，在两汉时期始终居于统治地位。

汉武帝时的乐府是中央集权封建国家为实现其对音乐文化的控制而设置的机构。它的建立，对当时音乐文化的发展产生了重大的影响。乐府里集中了一千多个来自全国各地区、各民族的优秀音乐家，他们广泛地采集全国各地区、各民族的民间音乐，并在此基础上进行不同程度的加工或改编创作。这些新作，既有《郊祀歌》之类用于郊丘祭祀等典礼的音乐，也有郊庙祭典之外的音乐。它们的运用，使汉代的宫廷音乐呈现出与旧时奴隶主宫廷雅乐迥然不同的面貌。所谓"皆以郑声施于朝廷""常御及郊庙皆非雅声"，都说明当时的宫廷音乐深受民间音乐的影响。公元前7年，汉哀帝下令"罢乐府官"，在乐府的829人，裁减了"不应经法"或"郑卫之声"的441人，意在排除民间音乐的影响和提高宫廷雅乐的地位。但是，乐府的名称虽然取消了，以后仍然有相应的机构来替代它的职能。在东汉宫廷中，既有用于郊庙的"大予乐"和用于飨射的"雅颂乐"，也有用于享宴的"黄门鼓吹"乐和用于军中的

柳州柳侯祠大钟

礼县出土的先秦编钟

"短箫铙歌"乐，实际上已包括了乐府音乐的所有范围，宫廷雅乐并未因此而得到真正的加强，也未能割断它和民间音乐的联系。战国以来各地兴起的民间俗乐（包括边远地区少数民族的音乐），经过乐府及其他相应机构的集中、提高，使汉代宫廷音乐呈现出丰富多彩的局面。当时的演出包括鼓吹乐、相和歌、歌舞百戏以及乐器演奏等多种样式和体裁，最主要的则是鼓吹乐和相和歌。民间俗乐的兴起以及鼓吹乐与相和歌的形成和发展，一方面是部分前期已有的乐器如铙、鼓、箫（排箫）、篪、笙、竽、琴、瑟等得到广泛的应用，同时也出现了许多新乐器，其中比较重要的有笳、角、笛、筝、筑、琵琶、箜篌等。

据不完全统计，先秦编钟的发现数量相当可观，共有 116 批 174 组 903 件，其中有铭文者约 400 余件。秦汉时期，周朝以来的礼乐制度彻底崩溃，钟磬之乐的繁荣局面也结束了，双音编钟的制作随之消失。战国至西汉时期，在我国西南地区，如云南、广西、广东、四川等地遗址中，发现各种独具地方特色的双角钮形钟和筒形钟，它们是西南少数民族使用的乐器。

(二）秦乐府钟

乐府钟

1976年2月，我国考古学家在秦始皇陵封土西北约一百一十米处的一个地面建筑遗址中，发现一件错金银钮钟，制作工艺极其精巧、细致。钟用青铜制成，通高13.3厘米、两铣间7.2厘米、鼓间5.8厘米、舞广6厘米x 4.8厘米。钟壁内侧有调音带四条，带上有锉痕数道，证明是已调过音的。钲和鼓部饰错金银蟠螭纹，篆间饰错金流云纹，钟带为错金云纹，舞部满铸纤细的云雷纹，其内侧为铸造纤细的蟠螭纹。这样精美的纹饰是利用嵌错结合工艺制作的。钮的声音清脆悦耳，

杭州西湖击鼓雕塑

音高为 c 音。钟钮一侧用小篆体刻有"乐府"二字，故称之为秦乐府钟。乐府钟是研究古代官署制度的珍贵资料。千百年来武帝始立乐府一说在中国文学史、音乐史、官制史研究方面似乎已成定论。秦始皇陵园乐府钟的出土表明在秦代已设有"乐府"官署。

（三）鼓吹乐

鼓吹乐是汉魏六朝时期流行的一种以打击乐器、吹奏乐器等合奏形式为主的音乐，起源于北方游牧民族。最早记载见于《汉书》：班壹"以财雄边，出入弋猎，旌旗鼓吹"。这种马上之乐传入内地后，逐步演化成多种形式，一般分为四类：1. 黄门鼓吹：宫廷专设的为皇帝服务的鼓吹乐，多为皇帝宴饮时所用。2. 骑吹：用箫、笳、鼓、鐃等乐器在马上演奏而得名，一般用于封建帝王和贵族们的仪仗音乐。3. 横吹：以横笛为主奏乐器，配以鼓、角等。横吹乐曲在《乐府诗集》中保存有一首乐辞《出塞》，其辞曰："侯旗出甘泉，奔命入居延。旗作浮云影，阵如明月弦。"表现了汉武帝为抗击匈奴进犯而威武出征时的强大阵容。4. 短箫铙歌：是一种以笳、排箫、鼓、铙等乐器为主在马上演奏的军乐。这种军乐使用了旋律乐器，主要用于社、庙、"恺乐"、"无会"、"郊祀"、"校猎"等盛大活动。

鼓楼商业街一景

秦汉——钟鼓之乐的沉寂

两汉间，鼓吹乐与相和歌、清商乐有密切的联系。《乐府诗集》"鼓吹曲辞"小序："长箫、短箫、《伎录》并云：孙（丝）竹合作，执节者歌。"清商乐曲辞《黄鹄曲》小序："按《黄鹄》本汉横吹曲名。"鼓吹乐与民间歌曲的关系十分密切。在汉代军乐中有许多表现爱情和反战情绪的民歌，如汉铙歌《上邪》歌唱爱情的永恒，横吹曲《紫骝马》歌唱"十五从军征，八十始得归"之类。南北朝时，鼓吹乐流入民间，被称为"鼓吹""鼓乐""吹打"等，鼓吹乐在民间得到新的发展。

（四）编磬

汉代编磬多为宗庙所用。古代有"四时

编磬

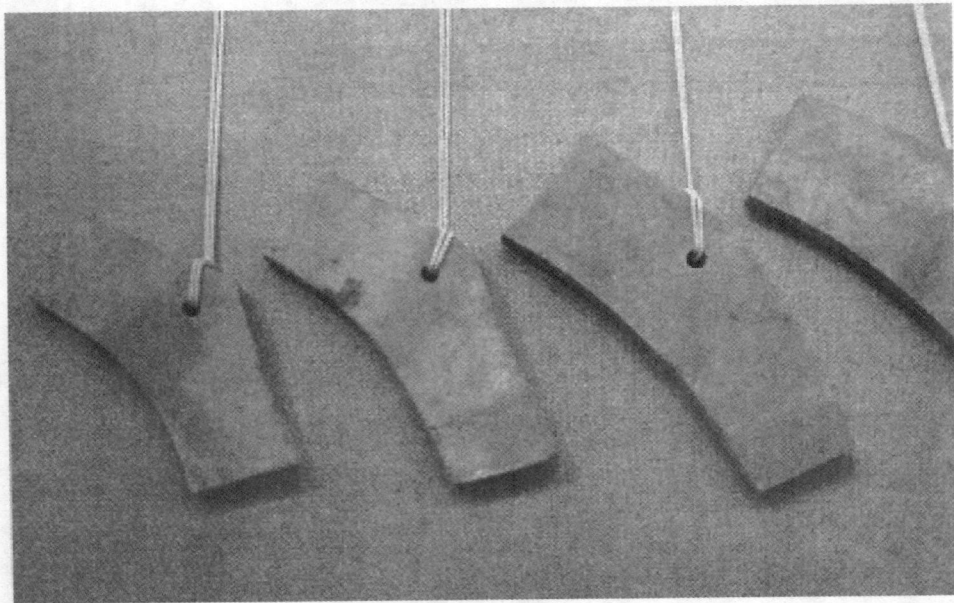

嘉至磬"的说法，这里的"嘉至"是西汉宗庙迎神乐名。洛庄汉墓出土灰褐色带黄斑玉质感的洛庄汉墓泗滨浮磬的107件编磬，2000年夏天于该墓第14号陪葬坑中出土，像这种专门把乐器放置在一个陪葬坑内随葬的，在国内考古中还是首次发现。这107件编磬共分为6套，每套数量稍有差异。埋葬时均是挂在编磬架上入土，后因乐器坑塌陷，架子倒掉，编磬中也有三分之一断裂。不过，这些断裂的编磬已由专家及山东浮磬修复专家用近一年的时间修复完毕。

2008年中央电视台《鉴宝》栏目组拍摄到一组汉代编磬，这套编磬上明确记载为汉

编磬

武帝、汉昭帝、汉宣帝、汉元帝时太庙所用，专家介绍，编磬在中国虽然出土不少，但成套的很少见，只有湖北曾侯乙墓出土的是全套。编磬的主人是珠海私人收藏家郭汉东，在郭汉东这套编磬面世前，中国还未发现帝王用的编磬。经专家李学勤和王子初的研究发现，这套编磬有七个音，打破了西方人认为中国音乐只有五个音的成见。用这套编磬完全可以演奏现代音乐。铭文不仅记载了这套编磬何时用、如何用、音律高低、音节大小和悬挂位置，还记下了演奏的曲目。铭文所记都可一一与史书对应。

五、唐宋——钟鼓之乐的复兴

唐代彩陶打鼓俑

（一）政治背景与音乐发展

　　跟随历史的足迹，秦汉之后就到了三国、两晋、南北朝时期，这是中国历史上一个大动乱的时期。此时，国家分裂，战乱频仍，民不聊生。固有的秩序和旧时的信念，统统都已幻灭。人们冀求着新的精神寄托，音乐便成为人们寻求精神寄托的一种方式。自西晋时北部边境诸民族的内徙和晋室的南迁，加上连年不断的战争，既造成生产力极大的破坏，也形成了南北之间、各民族之间经济与文化的交流与民族融合的某种条件。同时，也在某种程度上促进了相互之间音乐文化的交流与融合。5世纪末，北魏孝文帝和宣武帝南征时所收伎乐，包括"江左所传中原旧曲……及江南吴歌、荆楚西声"，南方的清商乐由此流入北朝；而在6世纪初，南方梁朝宫廷里演奏的鼓角横吹曲则有不少是被称为"北歌"的北方鲜卑族音乐。383年，前秦的吕光征龟兹，龟兹乐于是被带到凉州，它和传到那里的中原音乐结合起来，形成了别具一格的"秦汉乐"，即后来的"西凉乐"。此后，龟兹乐在北齐、北周时仍有传入，高昌、疏勒的音乐也相继传进内地。频繁的音乐文化交流，对当时音乐的发展起了积极作用，为

隋唐宴乐的高度繁荣做了准备。

　　隋唐时期，在国家统一的局面下，经济
繁荣，国力强盛。在此基础上，各族人民共
同创造了光辉灿烂的音乐文化，繁盛的宴乐
便是它的主要标志。在乐器的运用方面也有
了很大的发展，魏晋以来陆续从边疆和国外
传入的许多新乐器如曲颈琵琶、五弦琵琶、
筚篥、方响、锣、钹、腰鼓、羯鼓等，大都
成了宴乐中的常用乐器。尤其是琵琶类弹弦
乐器和各种鼓类击打乐器，由于适应歌舞音
乐的需要，因此有了较显著的发展。

敲击羯鼓塑像

唐末黄巢领导的农民大起义，给予封建统治阶级以沉重的打击。经过半个世纪五代十国的动乱时期，960年宋朝建立。这时，广大农民和手工业者已在较大程度上挣脱了对地主阶级的人身依附关系和官府对手工业的垄断，农业和手工业迅速发展，商品流通空前活跃。随之出现了城市的繁荣、市民阶层的壮大、城市游乐场所的产生和专业艺人的汇集。以说唱、戏曲为主的多种民间音乐形式得到迅速发展，以往宫廷在音乐的集中与提高方面所起的重要作用已开始减弱，歌舞大曲在音乐中的核心地位逐渐为新兴戏曲所代替。

（二）唐代羯鼓

在唐代盛行的宴乐中，占有最主要地位的乐器是琵琶、箜篌、筚篥、笙、笛、羯鼓、方响等，此时的乐器制造业很兴盛，长安有制造及修理乐器的手工工场的集中地带，而羯鼓是当时比较常用的鼓类打击乐器，被唐玄宗称之为"八音之领袖"。唐南卓《羯鼓

西安大唐芙蓉园一景

智化寺和尚演奏场景

录》一书中记载了羯鼓的演奏技术、演奏家和鼓曲。羯鼓音乐在节奏、力度与音色等方面都已取得了相当程度的发展，以"其声焦杀，特异众乐"而受到特别的关注，出现了许多技艺高超的羯鼓名手和成套的羯鼓独奏曲。

羯鼓是我国古代一种少数民族乐器，南北朝时由西域传入内地。羯鼓因演奏时须用两小杖击打，故又名两杖鼓。《通典》说羯鼓"正如漆桶，两头俱击"，《羯鼓录》中说羯鼓的鼓身像个漆桶，用山桑木制成，下面有小牙床做支架。演奏时用两小杖分别击打两只鼓面，击鼓之杖用黄檀、狗骨、花椒等做成。

羯鼓

黄鹤楼大钟

制作前要把木头完全晾干，这样才可以敲出高音。没有水分，音色才会细腻，细腻才能表现强健。两只鼓面的边缘要用精炼过的刚硬之铁卷包均匀，并用条绳沿鼓身相互牵拉两鼓面。羯鼓传入内地后很快受到内地人民的喜爱，《隋书·音乐志》说"开皇中，其器大盛于闾干"。

唐玄宗酷爱羯鼓，有关他与羯鼓的传说故事有很多。有一次，他在宫中听琴，一曲未了，即叱琴者出。对侍从说"速召花奴将羯鼓来，为我解秽"。花奴，为汝南王李琎（玄

北京钟鼓楼一角

北京钟鼓楼

宗的侄子）小字，善击羯鼓。后人常用"羯鼓解秽"来比喻豪爽之声能清人烦腻。玄宗本人演奏羯鼓的技艺十分精妙，自言打坏了三竖柜鼓杖。据说有一次玄宗演奏《春光好》时，柳树杏树上的花都随之开放，这就是"羯鼓催花"的典故。唐玄宗还亲自为羯鼓创作了许多独奏曲，据说唐代140多首羯鼓独奏曲中有92首是玄宗创作的。羯鼓独奏曲中的名曲如《春光好》《秋风高》《耀日光》《色俱舞》《耶婆瑟鸡》等在当时广为流传，家喻户晓。"羯鼓声高众乐停"是唐代著名诗人李商隐《龙池》一诗中的句子，写出这件西域古

北京钟鼓楼

乐器在唐代乐队中的重要位置。

关于《耶婆瑟鸡》这首西域羯鼓曲，还有一个动人的传说。很久以前，龟兹国王有一个独生女儿，她美貌聪慧，心地善良，国王视她为掌上明珠。一年春天，公主去龟兹城外的耶婆瑟鸡山打猎，与一青年猎手邂逅，两人一见钟情，倾心相爱。公主回宫后，青年猎手带着礼物去向国王求婚。龟兹王虽然不同意这门亲事，但是又怕一口回绝会伤了女儿的心。于是心生一计，要青年猎手在耶

鼓炉冶铸

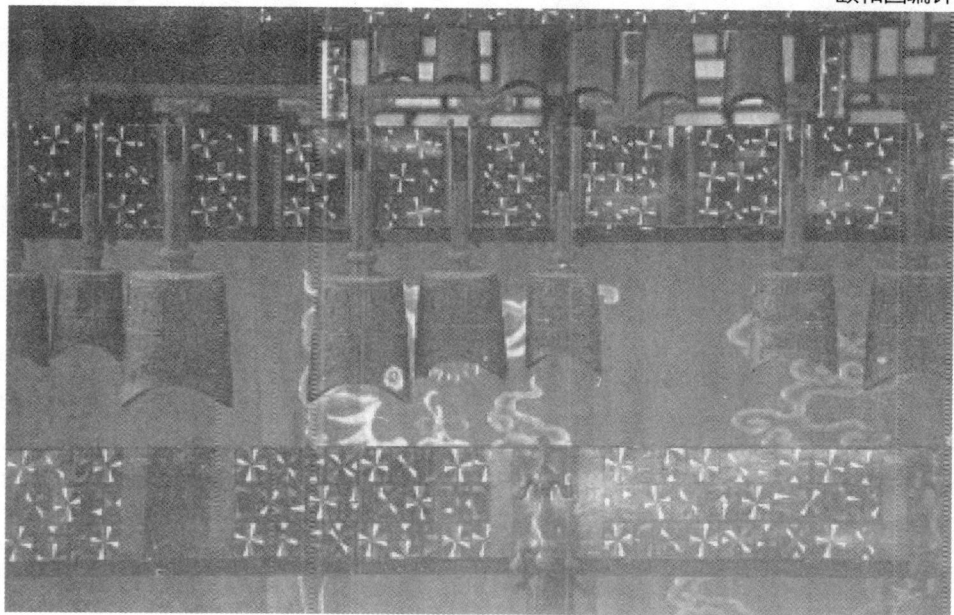

颐和园编钟

克孜尔千佛洞

婆瑟鸡山中开凿一千个石窟供佛，石窟开成后，才把女儿嫁给他。青年小伙子为了爱情，就进山去了，他在悬崖绝壁上日夜不停地开山凿洞。当他凿到第九百九十九个洞窟时，不幸心衰力竭，累死在山中。公主闻讯赶来，抱尸大哭，泪水一串串往下淌，可怜的公主从此就再也没有站起来，忧伤而亡。与恋人一起化作比肩而立、紧紧拥抱的山峰。她的泪水也化作了千滴清泉流淌不息，人们把它叫做"千滴泉"。青年小伙子用生命和爱情凿成的洞窟就是著名的克孜尔千佛洞，它同敦煌、云冈、龙门一起并列为我国的四大石窟，也是新疆规模最大的石窟艺术遗址。那里至今仍保存着 236 个石窟和近一万平方米的壁画，虽然经历了一千多年的岁月消磨，但是至今仍然颜色鲜艳，熠熠发光。它把古印度文化、古龟兹文化和古代中原文化融为一体，形成独特的龟兹艺术风格，因而享誉世界。

后来，古龟兹国有一位著名的音乐家，很同情这一对为爱情坚贞不屈的恋人，并被这清脆优美的泉水滴落声和美丽的传说所打动，奔腾的乐思油然而生。他采撷了这优美绝伦的水泉音响，和着泉声，创作出一首永

古城楼前鼓

载史册的乐曲，起名为《滴滴泉》，又名《耶婆瑟鸡》。后来此曲传入中原，成为唐代宫廷乐队经常演奏的西域名曲。可惜的是，盛行一时的羯鼓曲《耶婆瑟鸡》在唐朝末年却失传了。

羯鼓演奏方法在唐代也有新的突破。传统方法是将羯鼓横置牙床，两手各执一杖，分别敲击两只鼓面。敦煌唐代壁画中有将鼓竖放，两杖皆击其向上一面的打法。还有一种打法，一只鼓面用杖敲击，另一只鼓面用掌拍打。

"安史之乱"破坏了盛唐乐制，也使羯鼓

铜鼓

走上了衰败之路，元明时代。唐宋时盛行的羯鼓在我国已经逐渐沉寂，但在日本仍很流行。日本也很重视羯鼓，由精通乐事的长老执掌，并置之于打击乐器的上座。在长期的历史发展演变过程中，羯鼓已被新疆少数民族的达甫、铁鼓和冬巴代替了。

（三）唐代腰鼓

腰鼓是由西域传入中原，历经两晋、南北朝、隋唐，不仅被吸收进崖乐，且又以陶瓷烧制鼓腔，别具特色。腰鼓广口，纤腰，鼓身凸起弦纹七道。通体以花釉为饰，在漆黑匀净的釉面上，泼洒出块垛蓝白色斑点，

铜鼓

宛如黑色闪缎上的彩饰，优美典雅。河南省的禹县、郏县、鲁山窑等在唐代均产花釉瓷，而以鲁山窑腰鼓最为有名。20 世纪 70 年代，故宫博物院与河南省博物馆的文物工作人员根据唐代人南卓《羯鼓录》中有关"不是青州石末，即是鲁山花瓷"的记载，再次调查鲁山窑址，发现了黑釉斑点腰鼓残片，其特征与传世腰鼓完全一致。从而证实了这件黑釉花瓷腰鼓确系河南省鲁山窑制品。此鼓造型硕大规整，线条柔和，纹饰奔放，通体漆黑明亮的黑釉与变幻多姿的月白色釉相衬托，构成了一幅绚丽多彩的画面，如云霞缥缈，似水墨浑融，装饰效果极强，是唐代瓷器的传世精品。

（四）宋代编钟

两宋时期是中国古代祟古、复古思潮盛
行并达到高峰的历史阶段之一。赵宋王朝统
治者为了巩固政权而试图恢复、重建礼乐制
度的追求，为雅乐的兴盛和新乐的议制暨黄
钟标准音高的变迁，提供了重要的思想理论
基础和社会实践需要。同时，随着宋代社会
经济文化的发展，尤其是科学技术的进步，
先秦中国编钟的科学钟体结构与发音原理被
宋代科学家、音乐学家逐步发现、认识，进
而出现了改乐铸钟、以器写声、用钟记律的

大晟编钟

编钟

历史现象，使宋代编钟的铸制与使用，和当时历次黄钟标准音高的变迁、新乐的制定与推广，呈现出直接的对应关系。宋太祖即令雅乐沿用王朴所制周乐，《宋史》撰修者即根据有关文献记载，指出了北宋时期宫廷雅乐曾六次改作。

编钟在宋代具有极高的地位，"为乐必定黄钟"，新乐议制必须将黄钟标准音高的确立与十二律律高的确定作为基础与前提。两宋时期的编钟，一方面继承传统，在雅乐金石乐队中，继续发挥着定音乐器的作用，成为

生律法、定律器在实际音乐艺术实践中的"代言人";另一方面，随着宋人对编钟音高与十二音律对应关系的强化甚至误解，以至于削弱了将青铜编钟作为乐器使用的特殊演奏效果，导致了编钟乐器功能向"律器"性能方向的变迁，每次新乐议定，都或多或少地涉及新钟的改铸、旧钟的镌磨；也正是在这样的背景下，编钟的乐器表现功能逐步退化，而作为"律器"使用的应律性能得以相对加强。以钟写律，钟、律一体，中国古代编钟，在宋代甚至出现了律学性能超过其实际音乐

曾侯乙墓出土的编钟

宋徽宗像

演奏功能的时代特征。

1101 年，宋徽宗赵佶临朝执政，此时北宋王朝面临巨大危机。西夏、女真入侵的压力日益加重，农民起义烽火不断。徽宗面对此种局面仍要粉饰太平，命设"大晟府"，添置大批职官管理国家乐政，并成立乐器制造所"铸泻务"，制造景钟八鼎和大晟乐器。1105 年，在汴京南郊建立了一个规模宏大的铸造场。先铸"帝渊八鼎"，帝鼎也叫景钟或景阳钟，此钟悬垂为钟，仰置为鼎，身高 9 尺，外饰 9 龙，并刻有长篇铭文。大晟编钟的铸造也受到皇帝重视，其形制模仿当时出土的宋公成钟，此钟出土地应天府位于今河南商丘县南，是春秋时宋国所在地。大晟编钟的铸制只求质量而不计成本，铸出的钟总数为 336 枚，极为精致、古雅，合乎周朝乐钟的传统。其铜质精纯，音韵清越。除编钟外，还制作了镈钟、磬等其他大晟乐器。1113 年，"行大晟新乐"，一切旧乐都被禁止。在崇政殿陈列新乐器，并当场试奏，大晟乐器成为皇家宫廷乐队使用的重要礼仪乐器。

1117 年，金军南侵，形势危急。"大晟府"被撤。靖康二年（1127 年）金军攻破北宋都城汴京，俘获徽、钦二帝北迁，汴京文物重器同时遭劫，使用了二十几年的大晟乐器也未能幸免。据有关史料记载，靖康二年正月二十六日，掠运"教坊乐器、乐书、乐谱"；二十九日，掠运"大晟乐器"；二月十八日，掠运"景阳钟真虞"。大晟南吕编钟即为掠走的大晟乐器中的一件。金军掠走的文物重器数量极大，分装 2050 车。北上运抵燕京后，一半赏给从军将士，一部分存放于燕京官库。另一半器物运送到上京，即今黑龙江省阿城。

15 年后，金人对得到的北宋大晟乐器开始加以利用。据《金史·乐志》记载，皇统元年（1141 年），熙宗加尊号，始就用宋乐。

元阳箐口村铜鼓

唐宋——钟鼓之乐的复兴

有司以钟磬刻晟字犯太宗完颜晟讳，皆以黄纸封之。大定十四年（1174年），运到中都、金朝廷用于郊庙社稷的宋乐器刮去"晟"字，用"大和"代之，取大乐与天地同和之义。运到上京的大晟编钟分发给僧官，置佛教寺院内用做乐器，钟体多被刻上"上京都僧录官押"字样。辽宁省博物馆所藏"上京款大晟南吕编钟"就流落到金朝上京境内的一座寺院里。这口北宋皇家大乐队的乐钟被刻上"上京都僧录官押"的铭款，开始了新的功用。

上面提到的大晟编钟现存于辽宁省博物馆，编钟是青铜铸造，形式古雅，铜质精纯。

颐和园德和园戏楼演出

钟高 27.9 厘米，厚 0.7 厘米。钟钮为双龙，钟面铸有蟠螭纹，形制属于椭圆筒式乐钟。钟一面铸有"大晟"，一面铸有"南吕中声"篆文。钟唇下边刻有"上京都僧录官押"一行小字。

1979 年汉阴县蒲溪乡安沟村村民修建房屋取土时发现了四件编钟，这四件编钟都是扁圆形，拱形环钮，上小下大，月牙形口。其中有两件编钟较大，通高 32 厘米，中高 27 厘米，上宽 15.5 厘米，下部宽为 19 厘米，钮高 3.5 厘米，宽 6 厘米，壁厚 0.7 厘米。这两件编钟大小、形制基本相同，但重量差异很大，一件重 7.2 斤，另一件重 6.4 斤。编钟正反两面均有规整的五条隔梁，中部为梯形格栏，中部格内正面书"响声流转"，另一面书"遍满十方"。两侧上下部均为菊花纹，中部为眉清目秀、蹲坐戏耍的童子，口部上侧为奔腾跳跃、张口翘尾争斗的双犬。还有两件较小的编钟，形状、纹饰基本相同，但重量仍有差异，通高 20 厘米，中高 17 厘米，上宽 8 厘米，下宽 12 厘米，钮高 1.5 厘米，宽 3.5 厘米，其中一件重 1.93 斤，另一件重 1.8 斤。正面中部写有铭文"师子吼声"。两侧为流云纹，下部为纹饰，背面中部有铭文"大"，

大晟编钟

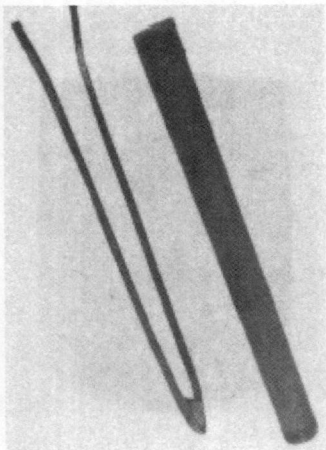
渔鼓道具

并用桃形纹饰圈在周围，两侧是四朵云纹。

（五）渔鼓

渔鼓又被称为道情，原是道士们唱的曲调。起源于唐代九真承天乐道曲，主要是用来传播道教教义和宣扬出世思想。南宋时开始用渔鼓、简板伴奏，从那时起被称做"渔鼓"。元代杂剧《岳阳楼》《竹叶舟》等剧中都有穿插演唱。明清以来，流传渐广，影响扩大，成为比较流行的曲艺形式之一。在山东境内的济宁、菏泽、临沂、惠民以及胶东等地区，经常有艺人演唱。

"鄱阳渔鼓"是民间曲艺的一种形式，是江西道情的一个分支，是灿烂的赣文化的重要组成部分，是早年鄱阳湖畔最为流行、具有浓郁水乡风情的农家休闲取乐的击乐曲艺。它发源于唐朝，成型于宋朝，流行于明朝，其腔调与我国古代唐诗的音律有关，并汲取民间小曲、方言鼓书等元素，形成富有江南特色的民间击乐曲艺，流传广泛，是一个既受群众喜爱又风格完整的大型地方曲种。主要代表作有《谋兰记》《二观音》等。

六、明清——钟鼓之乐的余音

鼓楼上的大鼓

（一）政治背景与音乐发展

明清两代是封建制度渐趋衰落的时期。明中叶，农业、手工业有了很大的发展，生产力已达到相当高的水平，在东南地区的手工业中出现了处于萌芽状态的资本主义生产关系——雇佣劳动，资本主义因素的萌芽成了社会发展的一个新的催化剂。在这种情况下，城市进一步繁荣，市民阶层日益壮大，各地不同风格的俗乐、民歌、小曲、弹词、鼓词、十番、鼓吹、南北曲（戏曲）等等，在经济发达的沿海城市里广泛流行。它们与宋代市井音乐迥然不同，更为情真意切，语言通俗，风格清新，展示了明代社会与市井无比广阔的生活画卷，代表了一个新时代将要来临的近代新声。明清时期的说唱音乐也得到较大发展，主要有两种类型：一种是属于"曲牌体"的各种牌子曲；另一种是近似"板腔体"的各种鼓词、弹词等。鼓词脉承于宋元鼓子词及唱赚，明代已有诸如《大唐秦王词话》的长篇鼓词。清代中叶后逐渐兴起"嫡唱""段儿书"等鼓词的短篇形式，以唱为主，删减了说白，成为清末的犁铧大鼓、西河大鼓、京韵大鼓等大鼓类说唱的先声。

明清时期，器乐有了进一步的发展和丰

富。具有悠久历史的鼓吹乐，早已突破官家的垄断，在各地普遍流行。现存北京的"管乐"、西安的"鼓乐"等，都保留着明清以来的遗制。江南一带的"十番锣鼓""十番鼓"在明清之际已有了广泛的影响，还有多种形式的锣鼓在南方（尤其是沿海）各地得到发展。

（二）明代永乐大钟

中国是钟的故乡，随着印度佛教渐次传入中国，中国的佛教僧人又创造了具有中国特色的法器——佛钟。以后历代都竞相铸造各种朝钟、佛钟、道钟、乐钟。而今天珍藏在大钟寺的永乐大钟，可以说是一口集我国各类古钟之大成的巨钟。明、清两朝，每逢辞旧迎新之际，大钟寺的和尚都要敲钟108下。

明代永乐年间，明成祖在觉生寺（今大钟寺）铸造一口大钟，铜钟悬挂在大钟楼中央巨架上，通体褚黄，高 6.75 米，直径 3.7 米，重 46.5 吨。钟唇厚 18.5 厘米，钟体光洁，无一处裂缝，内外铸有经文 230184 字，无一字遗漏，铸造工艺精美，为佛教文化和书法艺术的珍品，被后人称为"永乐大钟"。明成祖铸造大钟，是为宣扬"壮举"。大钟铸好后，

永乐大钟

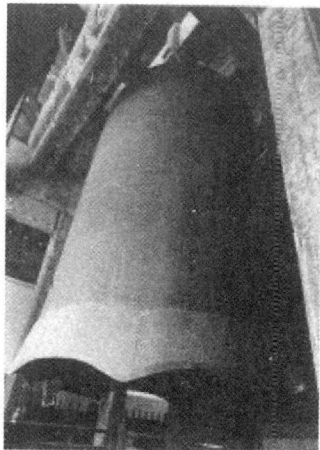

明清——钟鼓之乐的余音

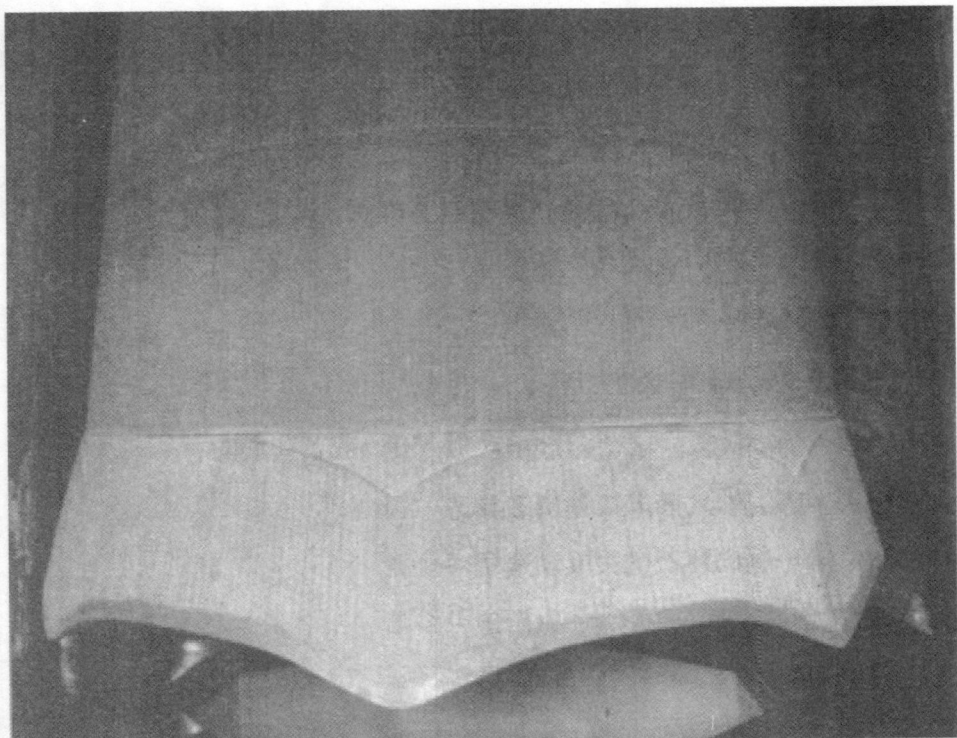

永乐大钟（局部）

先挂在宫中，明万历年间移置万寿寺，清雍正十一年移置觉生寺。

永乐大钟的铸造方法和配方科学，钟体强度达最佳值，故受撞五百多年，仍完好如初。科学工作者经过实地考察和研究，认为它采用的是初创于两千多年前商周时代的陶范法。到了明代能工巧匠手中早已成为驾轻就熟、炉火纯青的工艺。他们营造了一个壮观而宏大的场面：在地上挖出十米见方的深坑巨穴，先按设计好的大钟模型，分七节制出供铸造使用的外范，低温阴干，焙烧成陶，再根据钟体不同断面的半径和厚度设计车刮板模，做出大钟的内范。当七个陶制外圈依次对接如七级浮屠之状时，浑然一体的大钟外范便拼装成功。化学家经过定量分析后认为，大钟上下部位的成分是均匀而一致的：铜80.54%；锡16.41%；铅1.12%；锌0.22%，而当含锡量在15%至17%时，抗拉强度达最高值，声学性能也达到最佳状态。五百年间已有无数诗文对永乐大钟天下独美的音响作过精彩描述。钟体在几何形状大致固定的情况下，单靠厚度的变化就能带来极为丰富的泛音。厚厚的钟唇是高音E3的主要震源，钟腰的厚度变化则送出了C3、A3分音。由于差频现象和各分音在大气中衰减程度不一，便出现了钟声的抑扬起伏和各处听到的音调略有不同。重击一次，钟声持续时间可达三分钟之久，最后绕梁不绝的余音是最低的基音。

清宫编钟

2008年4月29日，为迎接第29届奥运会倒计时100天，北京大钟寺的永乐大钟传来庄重肃穆的钟声，破例敲响29下。据北京海淀区文化委员会的工作人员介绍，此次鸣钟是永乐大钟第一次在白天正式敲响。

小花鼓

（三）清宫编钟

清朝初期，康熙师儒，以周礼为本，设计了一整套朝廷礼乐之器，每逢举行天地、社稷、宗庙等祭祀大典以及大朝会、宴享、命将出师、临殿策士等朝廷盛事，乐部率和声署弦乐器于太和殿或郊坛、太庙演奏"中和韶乐"。礼乐演奏"以黄钟为宫""钟击以起乐，编钟从之"，这使得编钟在清代宫廷极为多见。

（四）凤阳花鼓

凤阳花鼓又称"花鼓小锣""双条鼓"，流行于明清时期，唱的都是民间小调，曲目有近百种。花鼓小巧玲珑，鼓面直径三寸左右；鼓条为两根一点五尺左右的细竹棍。表演者单手执鼓，另一只手执两根鼓条敲击鼓面，"双条鼓"由此得名。对于凤阳花鼓，历史上有两种说法：一种说凤阳地区灾荒不断，许多人离开家园，以打花鼓唱曲为生，于是凤阳花鼓成了贫穷讨饭的象征。其中有一首著名的《凤阳歌》，歌中唱道："说凤阳，道凤阳，凤阳本是好地方，自从出了朱皇帝，十年倒有九年荒。大户人家卖牛马，小户人家卖儿郎，奴家没有儿郎卖，身背花鼓走四方。"另一种说法是当时的凤阳并不是每年都闹灾荒，出走他乡据说还另有原因：在朱元璋做了皇帝以后，为了使自己的故乡凤阳变得富裕，下令把江南富庶地方的苏州、松江、杭州、嘉兴、湖州一带有钱人家十四万户迁移到凤阳，不准他们返回原籍。那些人家不敢违反皇帝的禁令，但又想回乡扫墓探亲，只好在冬季借口年荒，打鼓唱曲卖艺回乡，来年春季再回凤阳。随后相沿成俗，不论丰收灾荒，仍要到江南去唱一番"花鼓"，于是凤阳花鼓又以这种卖艺的形式走遍了四方。这种以流浪卖艺为主要形式的民间歌舞表演，在中华人民共和国成立后，被作为一种传统的民间艺术保留下来，并成为民间喜庆丰收、欢度节日和反映劳动人民幸福生活的一种民间歌舞表演形式。2006 年 5 月 20 日，凤阳花鼓经国务院批准列入第一批国家级非物质文化遗产名录。

清代编磬

（五）清代编磬

清代的编磬，主要用于皇帝与王公大臣庆典的"丹陛大乐"、宫中大型宴会的"中和清乐"和"丹陛清乐"。清乾隆年间制作的编磬，十六枚为一套，大小相同，厚度有异，

全部用石头制作的古乐器编磬

采用新疆和田碧玉，其形与特磬一致，只是体积较小，每次演奏时全套都要使用，随乐曲旋律击奏。在清乾隆五十五年，乾隆皇帝还用黄金制作了一套金编磬，和它一起使用的还有一套金编钟。特磬是皇帝祭天地、祭祖、祭孔时演奏的乐器。在一年的十二个月里，每个月各奏一个调的乐曲，如正月用太簇……十一月用黄钟，十二月用大吕等，所以特磬有音高不同的十二枚，都单独悬挂在木制磬架上。它们大小不一，最大的是"黄钟"，最小的为"应钟"，演奏时，只需换上相应调的特磬，合奏时，在每一乐句的末尾各击特磬一下，起加强节奏的作用。云磬为寺院所用的法器，常用于宗教音乐。外形与仰钵形坐磬相同。形体很小，磬身铜制，形似酒盅，磬口直径只有 7 厘米，置于一根长木柄上端，全长约 35 厘米，木柄旋以条纹为饰。演奏时，左手持木柄下端，右手执细长铜棍敲击，发音清脆，在梵乐中常用以敲击节奏。

（六）十番锣鼓

十番锣鼓是万历末年形成的一种演奏形式，流行于江苏省南部地区，以苏州、无锡为中心，在南京、常州、上海等地亦很盛行，主要用于宗教的超度、醮事与民间各种风俗礼仪活动。十番锣鼓乐队的人数八至十二人不等，所用乐器，少则十余件，多则三十余件。十番锣鼓的主奏乐器为笛，配合使用的有同鼓、板鼓、大锣、马锣、齐钹、内锣、春锣、汤锣、大钹、小钹、木鱼、梆子等。十番锣鼓的主要特点是其打击乐部分，以一、三、五、七字节为基本单位，按数列规范程式组合成节、句、段。其演奏形式分只用打击乐器演奏的清锣鼓和兼用管弦乐器的丝竹锣鼓两大类。清锣鼓的乐队组合有粗、细之分。粗锣鼓用云锣、拍板、小木鱼、双磬、同鼓、板鼓、大锣、喜锣、七钹演奏。细锣鼓在粗锣鼓所

长鼓

基诺族击鼓表演

用乐器的基础上，加用小钹、中锣、春锣、内锣、汤锣、大钹演奏。清锣鼓演奏形式的乐曲结构特点为锣鼓牌子的联缀；丝竹锣鼓演奏形式其乐曲的结构以锣鼓段、锣鼓牌子、丝竹段落交替进行为其主要特点。祁门十番锣鼓、楚州十番锣鼓和池州十番锣鼓是其典型代表。祁门十番锣鼓是祁门民间器乐曲名，流行于历口、溶口一带。历史悠久，始于明代，在祁门民间演奏了数百年，祁门十番锣鼓是由十种曲牌与锣鼓联缀而成的套曲，其演奏乐器有小唢呐、横笛（两支）、大锣、小锣、云锣、边鼓、大钹、小钹等十来种；楚州十番锣鼓由淮安著名的民间艺人孙敏卿将皇宫里流传到楚州已盛行多年的昆曲音乐进行了整理，加进锣鼓打击乐器而成。池州十番锣鼓又名"一枝香"，属青阳腔系，基本上是曲牌体。盛行于明清时期，多在元宵节灯会中演奏，后来经过历代高腔艺人的加工、改造、丰富，不仅保留了"其节以鼓，其调喧""一人唱众人和"的高腔特色，而且逐步突破了曲牌体的束缚，发展到"滚白、滚唱"，边行边奏，由曲牌体过渡到板腔体，并运用到目莲戏演唱的伴奏之中。

清代学者杨廷桂，于道光十五年（1835年）

鼓与槌

一次舟泊广西河头时，曾在小海珠寺里遇一守庙的击鼓高手。杨氏对其击鼓过程及精绝技艺作了淋漓尽致的分段描述。

这守庙人"先以二指夹一坚瘦竹槌之中央猛摇之，以击鼓之两旁，使之作成'的得的得的沥得'之声"。这是采用击鼓边的手法，奏响了该鼓曲的"引子"。

接着，守庙人"徐以鼓槌槌鼓心，作'叮咚叮咚'声，宽缓悠扬，如不欲击"。这是在敲击时，鼓槌渐从鼓边移至鼓外圈，又从鼓外圈移至鼓中圈，再移至鼓心。通过这一系

基诺族鼓文化表演

列"移位"过程的轻击细步，使清淡平和、隽永典雅的鼓韵得到充分显示，并在鼓心部位把该曲的旋律展开。

又听得，"既声渐犹紧，复以鼓旁之声合之，曰'的得定栋、的得定栋'声响"。这是以鼓边（单薄）及鼓心（厚实）的音色对比，使错落有致的音浪相映成辉、相得益彰。

"其后急发一声，曰'的沥得定栋'，则繁声入破，如万弩之齐发，如急雨之骤至，若有千万手同击者。"此时鼓的音响如惊雷灌耳，惊心动魄宛如排山倒海，震撼人心，可说是全曲的高潮部分。

再以"乱"击（"乱"，应作"乐之卒章"解，即乐曲的最后一章），"然后'定栋'一声，又转为'丁东定栋'之声，极忆乱复极分明，使人耳不及听。"这是在高潮之后的"华彩"乐段，其强拍"丁东"、弱拍"定栋"的手法交换频繁，强调了层次鲜明的色彩感及即兴发挥的灵感。

"最后'大的得'一声，戛然而止。迅雷下山，石壁破裂，忽然晴弄，万籁无声。"全曲在"戛然一声飞霹雳"中结束，迅雷不及掩耳之后，此处无声胜有声。

这守庙人的鼓声确实不同凡响，难怪杨氏闻之，对其"神乎技矣"，赞叹不已。

七、钟鼓之乐的弘扬与现代传承

泸州钟鼓楼

（一）编钟走向太空

编钟是先人留下的一份等待后人破译的文化遗产，它似乎离你很远，但它又离你很近。中国第一颗人造地球卫星翱翔太空时，放送的音乐就是编钟演奏的《东方红》。东方红一号卫星是我国于1970年4月24日发射的第一颗人造地球卫星，卫星的主要任务是向太空播放《东方红》乐曲，同时进行卫星技术试验，探测电离层和大气密度。卫星因工程师在其上安装一台模拟演奏《东方红》乐曲的音乐仪器，并在地球上从电波中接收到这段音乐而命名，它除了装有试验仪器外，还可以以20兆赫的频率发射《东方红》音乐，该星采用银锌电池为电源，而这段飞向太空的《东方红》音乐就是由我国古代的重要乐器编钟演奏的。

（二）编钟联结奥运

2008年中国北京成功举办了举世瞩目的奥运会，这既是国际社会以及奥运大家庭里的世界各国人民对中国人民取得的巨大成就的充分肯定，也体现了稳步发展中的中国在国际事务中的影响力和号召力的显著增强。而北京奥运会的颁奖音乐，就是编钟玉磬合

奏的《茉莉花》。现代人正在用实际行动再现
编钟，再现"钟鼓之乐"。

这一段《茉莉花》的旋律，是最具有民
间特色和文化特征的中国音乐符号。作为北
京奥运会的颁奖音乐，这段旋律在奥运会和
残奥会共七百多场颁奖仪式上响起。在谈到
创作过程时，谭盾说，把 2008 年为奥运专门
制作的玉磬跟两千四百年前的"曾侯乙编钟"
的原音结合起来，这真是"金玉良缘"。他在
最初接到创作颁奖仪式音乐的任务时，感到
压力很大，于是就去了上海的古典园林——
豫园，喝茶解压。结果，他在那里找到了灵

安塞腰鼓表演

感："在豫园喝茶的时候，我发现豫园那么古老的庙有一块匾，这个匾上面写着'金声玉振'。我当时想这也不是音乐厅，怎么会有'金声玉振'呢？我赶紧回去寻找'金声玉振'的来源，我最开始以为是音乐的名词，其实，我在寻找'金声玉振'的出处时才发现，在两千多年前，中华民族的祖先们已经提出了'金声玉振'，世界未来最终和谐之音。"颁奖音乐中融合的编钟与玉磬的激越之声与《茉莉花》曲调，成功地营造了运动员接受加冕时场面庄严、隆重和神圣的氛围。

（三）编钟学术研讨会

2008 年 12 月 8 日，曾侯乙编钟国际学

手鼓

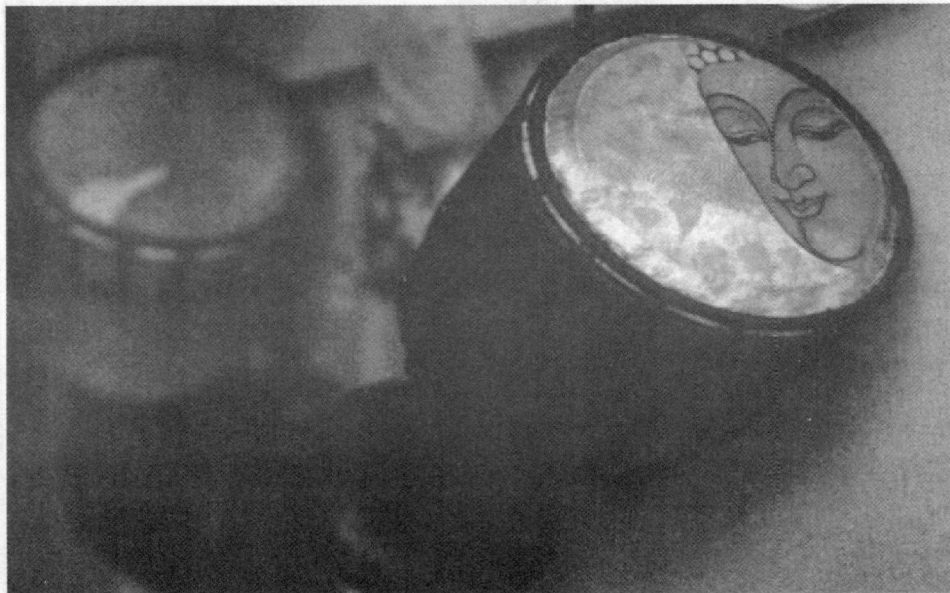

术研讨会在湖北随州市召开。来自海内外的五十余位专家学者，对曾侯乙编钟自身的价值、海内外文化传播交流的意义，以及对推动区域经济发展的作用进行了研讨。

编钟国际学术研讨会吸引了王子初、乔建中、韩宝强、项阳、丁承运、冯洁轩、李幼平、蔡际洲以及专程从美国、韩国赶来的专家学者，他们结合各自的学术研究从曾侯乙编钟的价值、学术研究的进程、乐律学、中西文化交流的意义等方面进行了研讨。曾侯乙编钟是世界上已知最早最庞大的、具有十二律半音音阶关系的大型定调青铜乐器。

盘鼓

它与国际通用的 C 大调七声音阶同列，音律跨五个八度，能旋宫转调，演奏古今中外各类乐曲。编钟是我国古代的礼乐重器，不仅用于祭祀天地、宴宾奉祖、祈安送福，而且用于育人、教乐。曾侯乙编钟作为文化大使周游列国，先后出访二十多个国家和地区，全世界已有六亿多人目睹了编钟乐舞，一百五十多个国家和地区的外宾来中国聆听编钟演奏。仿制编钟作为深受欢迎的礼品赠送给四十余位国家元首或友人。以曾侯乙编钟为题材的电影电视剧达三十余部。

专家学者认为，两千四百多年前的编钟青铜铸造，集先秦科学文化之大成，反映了此时期在物理学、声学和铸造学方面的伟大成就。曾侯乙编钟上 3755 字的钟铭，系统地论述了音乐理论，填补了先秦音乐理论空白，编钟的铸造，采用高纯度的铜、铅、锡铸成，所采用组合陶范技术、冷焊工艺，可以与今天的技术相媲美。在曾侯乙编钟国际学术研讨会上，来自荷兰莱顿大学欧洲中国音乐研究基金会的高文厚先生率先发言，他说："曾侯乙编钟是中国制造的最伟大的乐器之一。我认为，曾侯乙编钟应该有一个很大的纪念碑,不是石头的,而是音乐的纪念碑！"高文厚说："这次到随州无论是看电影《凤舞天下》，还是听编钟乐曲演奏，都是编钟与现代乐器在一起合作演奏，古代的乐器有吸引人的不同音色，应当把曾侯乙时代的音乐、音响复活起来，让人听到真正原音的金声玉振。""曾侯乙编钟的发现，在国内外推动了编钟文化的研究、创作、表演和舆论的热潮。把已经消失的古代音乐重现，这与服务现代的要求，不可避免地会发生冲突，但要尽量配合，找到平衡。"美国密歇根大学乐器博物馆馆长林萃菁在《编钟与中国古代音乐文

编钟

化的现代解读》一文中说："要加大对曾侯乙编钟的宣传力度，提高曾侯乙编钟的影响力。宣传编钟不是宣传它的大小，编钟是一个乐器，应该宣传它的音乐。"德国作曲家罗伯特认为，"应当培养一个好的专业编钟演奏乐队，这会对随州的经济社会发展带来很大的影响。这个乐队要慢慢培养，使它发育成熟，然后到国内外演出，可以影响中国，影响世界"。他同时认为，"让编钟与编磬、鼓等一起演奏，让观众的注意力回到编钟上"。编钟虽然音域宽广，但把编钟当做钢琴显然是一种误解。中央音乐学院音乐系教授韩宝强说："编钟不是钢琴，编钟不适合在乐队里演奏，要想听

战鼓

春节腰鼓表演

到和谐好听的音乐，就让编钟独奏。"中国艺术研究院音乐研究所研究员、中国音乐史学会会长王子初从神秘的曾侯乙古墓、失落地下的音乐殿堂、揭开双音钟之谜等多方面，利用多媒体展示了曾侯乙编钟发掘过程、音律研究、编钟乐舞等内容，他制作的《曾侯乙编钟》电脑软件引起许多观众的兴趣。短短几个小时，来自国内外的九名专家学者展示了自己对曾侯乙编钟的不同研究成果，表达出同一个声音：发掘编钟文化，让编钟走向世界。

编钟

在研讨会后的编钟经典曲目专场音乐会上，七十余位武汉音乐学院师生演奏了《秦王破阵乐》《东方红》《枫桥夜泊》《举觞踏歌》等乐曲，《钟鸣随州》和《编钟敲起来》两首委托创作曲目彰显实力；中国音乐学院副教授、唢呐演奏家侯彦秋和武汉音乐学院副院长、二胡演奏家胡志平均奉献了拿手绝活，为演出增色。音乐会演出代表了当今编钟及其他曾侯乙墓出土乐器演奏的最高水平。于 2000 年在全国高校中首开"编钟古乐演奏"课程的武汉音乐学院副教授谭军，不仅担当了音乐会的指挥，而且改编了多首乐曲。他说："目前尚未发现古编钟曲谱的遗存，现有编钟音乐的实践，只是我们对古人编钟理念的推测与想象。"

（四）首届编钟文化节

2008 年 12 月 18 日，坐落在随州擂鼓墩曾侯乙墓原址附近的随州博物馆新馆落成。广场上鼓声威猛，由孩子们组成的古筝演奏方队喜乐高奏，数千人四面聚拢而至，隆冬瞬时变得暖意融融，中国随州首届编钟文化节开幕了。

随州博物馆新馆占地百余亩，建筑主体

为一个主馆和两个副馆，采用秦汉时期的高台建筑格局，外形体现楚城和编钟特色。馆内"曾国迷踪""曾侯乙墓""擂鼓墩二号墓""炎帝神农故里"等展厅，形象、生动地展示了随州古代辉煌灿烂的历史文化遗产。

文化节上，出土三十年的曾侯乙编钟用其美妙的声音奏出的中国名曲《东方红》，此曲曾随我国人造卫星游走苍穹，响彻寰宇；编钟交响乐《1997·天地人》，汇入了香港回归祖国的良辰美景；编钟玉磬合奏《茉莉花》，成为 2008 年北京奥运会的颁奖乐。

（五）华夏古乐团

2000 年 4 月 1 日，河南博物院经过长时

傣族鼓

三亚民俗村民族鼓陈列

间的努力复制出了二十多种古乐器，成立了由十七人组成的华夏古乐团。乐团能演奏出上古至明清时代的近二百个曲目。河南博物院研究员李宏女士说："其实这个华夏古乐团，是历史文物陈列的一种延伸。等于把无形的文化遗产抢救过来，给复活了。让那些穿着古代衣服的年轻人演奏出来，还原到历史上的那种氛围中去，让过去那种古老的情态跟现代人做一个对话，做一个交流！"

自从 1999 年开始筹备，2000 年 3 月份建团至今，华夏古乐团已正式演出了近三千

喜庆锣鼓

场次，接待了多国领导人及来自世界各地的大量观众，社会效益显著。博物院曾数次邀请中央艺术研究院、武汉音乐学院、河南艺术研究院、河南省歌舞剧院及河南省内的音乐、考古界专家进行座谈，多次召开专家论证会进行论证，并定期邀请有关的专家对乐团人员进行音乐、文博、古文化知识的培训。2000年10月，古乐团进行了汇报演出，反响热烈。

华夏古乐团从成立至今，已经成功地举行了多次古乐演出、音乐会、国内国际的文化交流活动，并出版了音像资料。

2001年5月1日，华夏古乐团《诗经》

钟鼓之乐

专场音乐会如期举行，曲目来自《诗经乐谱》，音乐会获得了巨大的成功。同年10月1日，"华夏月明——中秋古乐欣赏会"的举行，使古乐团的业务能力又迈向了一个新的台阶。

2003年，有关研究人员获邀参加武汉音乐学院"中国音乐考古中心成立1周年暨曾侯乙编钟出土25周年研讨会"，并递交《25年来曾侯乙墓出土乐器的音乐考古学研究》一文。

2004年华夏古乐团参加河南电视台旅游系统文艺晚会《河南风，中原情》的演出。

北京腰鼓表演

基诺族击鼓者

同年9月,研究人员在2003年《列国古风》音乐会文案的基础上对乐曲进行了创意和策划，特邀武汉音乐学院李幼平教授担纲演奏会的主持人，现场进行了录音和录像，并于2004年10月1日前将图像资料寄往比利时，如期参加在德国举行的欧洲音乐博览会。

　　2005年10月1日乐团上演了《大唐圣音》专场音乐会，人声与场景相依托，乐团试图通过音乐表演的形式将历史上大唐的洒脱与大气展现于世人面前。

　　11月份乐团参与了老子文化节和首届

部落鼓

钟鼓之乐的弘扬与现代传承

西安大鼓

河南文化遗产日的演出。当月乐团接待了中央电视台《鉴宝》栏目组，对骨笛进行了拍摄和录制工作。有关研究人员也于 2005 年下半年受聘于河南卫视《华豫之门》栏目，借此机会带领古乐团一起合作了"中国文化之竹文化""趣味诗词之唐诗""华夏乐器之鼓"等节目的拍摄录制工作。